AF252682

HYMNE
SVR LES MERVEILLES
DE LA SAINCTE EV-CHARISTIE, & sur les effets qu'elle produit en l'ame des fidelles.

Par IACQVES DE LA VALLE Conseiller & Ausmonier du Roy, & de Monseigneur le Prince, & Principal du College de Narbonne à Paris.

A PARIS,

Chez FANÇOIS IACQVIN, demeurant ruë des Maçons.

M. DC XIII.

L E plus ineffable de nos Sacremens eſt vn abiſme ou ſe perdent ceux qui pẽ-ſent en ſonder la profon-deur, & ſes effects ſont infinis aux ames que l'abnegation d'elles meſmes à reſignées en Dieu : par luy elles ſont comblées en terre des biens, ne les ce-dans aux celeſtes que pour l'eternité : par luy la terre ſe marie auec les cieux, le neant auec le tout, & la creature auec ſon Createur, & par luy l'homme qui de ſoy n'eſt rien, ſe faict vne choſe auec ſon principe, deuenant par gra-ce, ce que le Verbe Eternel eſt par na-ture auec Dieu ſon Pere. C'eſt vous ô tres-Auguſte Sacrement, qui pour cauſer le miracle de ma conuerſion daignaſtes me preuenir, en me forçant de vous recognoiſtre auant que de vous congnoiſtre : maintenant que ie vous congnois & recognois, & que de la plus ardente de mes affections ie vous ayme, & vous adore, faictes que par la reception que de vous ie faicts tous les iours, ie ſois ſi bien conioinct & tranſformé en vous, qu'eternellement ie ne ſois qu'vn en celuy qui auec le Pere, & le Sainct eſprit, vit & regne eternellement.

HYMNE

SVR LES MERVEILLES

DE LA SAINCTE EVCHA-
RISTIE, & sur les effets
qu'elle produict en l'ame
des fidelles.

E vous salüe Hostie imma-
culée,
Source de vie, obiet de verité,
Seule capable apres estre im-
molée,
D'appaiser Dieu lors qu'il est irrité.
En vous & par vous sont bornez,
Les sacrifices ordonnez,
Par vous vne gloire infinie,
Se rend au Monarque des Cieux,
Et par vous l'Eglise en tous lieux
Est, & sera tousiours fournie
De dons immenses dont l'effort,
La feront craindre de la mort.

A iij

Ie vous salüe abisme de clemence,
Où tous les rais de miel sont assemblés,
Dont la douceur coule en telle abondance,
Que nos esprits s'en trouuent surcomblez,
En vous sont les plaisirs succrez,
Les delices saincts & sacrez,
Et toute la substance entiere
De la verité du Sauueur,
Conioincte auecques la faueur
Du Sacrement, forme & matiere,
Qui nous enyure nuict & iour,
Des voluptez d'vn sainct amour.

Ie vous salüe ô Manne surceleste,
Qui substantant les enfans de la foy,
En plein Soleil leurs rendez manifeste,
L'effect caché souz celle de la loy,
En vous liurant de nos autels,
Aux pauures souffreteux mortels,
Qui combattent dessus la terre,
Vous donnez trefue à leurs trauaux,
Seruez d'antidote à leurs maux,
Et les armez en ceste guerre,
De ce qui les faict triompher,
Du monde, d'eux & de l'enfer.

Ie vous salüe ô tres-digne merueille,
Corps du Seigneur tout autre surpassant,

Digne preſent de vertu nompareille,
Pour ioindre l'homme à l'eſtre tout-puiſſant,
Noble ioyau ſans pair ny pris,
Que ce principe des eſprits,
Nous daigna laiſſer en memoire,
De ſon amour pleine d'ardeur
Au meſme point que ſa grandeur:
Voulut pour monter à la gloire,
Honorer les ſiens d'vn adieu
Auant que partir de ce lieu.

Ie vous ſalue ô ioye entiere & pleine
La vie & l'heur des eſprits plus heureux,
Contentement de ceux qui ſont en peine,
Ioye & ſanté des pauures langoureux,
Qui pourroit dire ou figurer,
Pencer, comprendre ou meſurer
Le priuilege que Dieu donne,
A des petits vaſes de chair,
De voir en terre & d'y toucher:
La recompence & la couronne,
Qu'en ſon Royaume il garde aux ſiens,
Qui iouyront de tous ſes biens.

Ie vous ſalue ô des plus forts la force,
Qui ne ceſſez iamais de ſecourir,
Ceux que Sathan taſche par maint' entorce
De terraſſer pour les faire perir,

Les rendans ô Dieu souuerain,
Vne solide tour d'airain,
Contre leur rage la plus forte,
Au front duquel vont se brisans,
De l'enfer les traits plus nuisant
Iusques a faire en telle sorte
Que les Dragons plus indomptez,
Par des agneaux sont surmontez.

Icy l'on voit en toutes ses parties,
La Verité d'vn homme-Dieu parfaict,
En vn suppost tellement assorties,
Que c'est le tout de leur estre en effaict:
N'y cherche donc les simples traits,
Qui se remarquent aux pourtraits
De bosse ou de plate peinture.
Mais bien d'vn Dieu l'estre incompris,
D'vn corps le sang & les esprits,
Bref la substance & la nature
D'vn increé, d'vn Createur,
Vestu du corps d'vn seruiteur.

Tien de surplus pour arrest veritable,
Qu'vn mesme obiect tout humain & diuin,
Est tout au Ciel en grandeur redoutable,
Est tout enclos en ce Pain & ce Vin,
Au Ciel sans voile & sans riâeau,
Icy caché par vn bandeau,

S'accor-

S'accordant à nostre foiblesse:
Que si ta chair en veut doubter,
Tu n'as qu'à luy representer,
Ce que peut l'autheur de la Messe,
Luy remonstrant que son pouuoir,
Monte à l'esgal de son vouloir.

Va plus auant pour croire qu'à toute heure,
Le mesme Corps de ce grand homme-Dieu,
Ayant au Ciel estably sa demeure,
Est neantmoins par presence en tout lieu
En Orient, en Occident,
A l'Ourse, au Midy plus ardent
Et soubs la face des deux Poles,
Aussi souuent, aussi soudain,
Qu'vn Prestre deuot ou mondain,
A redit les sainctes paroles
Que Dieu dit alors qu'il voulut
Nous donner le pain de salut.

Mais ne croy pas que l'estomach de l'hôme,
Or qu'il ayt pris ce corps & l'ait mangé
Que pour cela sa chaleur le consomme
L'aneantisse, ou le rende changé,
Car estant pris du Sacrement
Cent mille fois en vn moment,
Cela n'altere point son estre
Estant apres comme deuant,

Le mesme corps du Dieu viuant,
Tousiours consacré par le Prestre
Sans se voir subiect à patir,
A s'acroitre ou s'aneantir.

Ne croys encor que la dent ny la bouche,
Ny le palais qui le prend & reçoit,
Mouille ce corps, le mache, ny le touche,
Ou bien l'offence en façon que ce soit.
Mais que l'ardante affection
De ta plus saincte passion,
A l'heur d'en faire la morsure:
Ton ame de le sauourer,
Le toucher, & le digerer,
Sans lezion & sans blesseure,
Laissant a part les accidens
Qui se destruisent par les dents.

Car de ces mets la substance sacrée,
Que tu reçois & de bouche & d'amour,
Passé en ton ame en elle se recrée,
Et ne veut point en quitter le seiour.
Sans l'enrichir de mille dons,
D'honneurs, de graces & pardons,
Dignes de sa grandeur Royalle,
Ou l'estomac plein de chaleur,
Prent des especes la couleur,
Et autre chose accidentale.

Que le Monarque qui tout peut,
Pert ou bien change comme il veut.

Que si ton ame est encor' desireuse
D'entrer plus outre en ce profond secret
Pour assouuir sa faim trop curieuse,
Et contenter ton desir indiscret.
Ie te diray que quand ce corps
Quittant le tien s'en est mis hors,
Le reste prent la mesme route,
Que fait le froid, ou bien le chaud,
De qui la cruauté t'assaut,
Au temps que pour estre dissoute,
En rien tu la sens exaler,
Et loin de toy se reculer.

Par vn brandon chaut d'amoureuse flame,
Daignez Seigneur nos esprits allumer,
Et par le feu qui vous ioint à nostre Ame,
Nos passions brutales, consommer,
Tant que le corps qui ne perit,
Mais qui nous substante & nourrit,
O Dieu plein de misericorde,
Soit en nous comme vn fort aymant,
Qui tire l'amante a l'amant,
Ou bien vne puissante corde,
Laquelle bongré malgré nous,
Nous lie & presse auecques vous.

Le but que l'Ame en aymant se propose,
C'est de se perdre & d'elle se priuer,
Pour n'estre apres fors qu'vne mesme chose,
Auec l'obiect qui la sceu captiuer,
Et vous ô Dieu plein de bonté,
N'ayant plus grande volonté,
Qu'à nous transformer en vous mesme,
Pour accomplir ce haut dessein,
Vous vous mettez en nostre sein,
Par vn moyen du tout supreme,
A cest effect vous transformant,
En nostre commun alimant

O doux Sauueur dont l'amour infinie,
Va surpassant tout autre infinité,
Qui par vn mets qui ẽ voit & manie,
Se va donnant à nostre humanité,
Faictes que par diuers sanglots,
Et par maints grands torrens des flots,
Sortans d'vne Ame penitente,
Nous relauions tous les pechez,
Desquels nous sommes entaschez,
Et que vostre grace presente,
Au lieu des crimes abbatus,
Nous esleue en toutes vertus.

A ceux qui sont destinez au mistere,
Pouuans offrir ce sainct Corps de leurs mains,

Soyez toufiours aliment falutere,
Et voire encor à tant d'autres humains,
De qui la plus brulante ardeur,
N'eft que d'aymer voftre grandeur,
Et de s'incorporer en elle,
Mais aux iniques & mefchans
Qui vont fans ceffe recherchans,
De nuire à la troupppe fidelle :
Soyez pour efclaircir leurs yeux,
Vn colire mifterieux.

Bon Iefus-Chrift ô falutaire Hoftie,
Du fouuerain l'agreable fouci,
Rendes toufiours fa colere amortie,
Et l'incitez de nous faire mercy,
Faifant que plains d'integrité,
D'amour, de foy, de charité,
Par vous aliment de noftre Ame,
Nous foyons fi bien fubftantez,
Viuifiez, alimentez,
Qu'ayans deuidé noftre trame :
En fin nous foyons pour iamais
En luy par grace transformes.

O des mortels le falut & la vie,
La gloire, l'heur, l'efperance & le pris,
Qui feul pouuez rendre vn ame affouuie
Comme l'obiect de fon bien incompris
B iij

Donnez courage à vos enfans
Qui sont du vice triomphans
De pousser si loing vos loüanges,
Que les Cieux mesmes estonnez
De leurs accords bien entonnez,
Puissent en rauissant les Anges,
A tout iamais vous contenter
Au bien de les ouyr chanter.

Ie vous saluë & resaluë encore,
Loüe & reloüe ô samcte Trinité,
Que mon esprit & que mon ame adore,
En vne simple & parfaicte vnité
Par ce Sacrement eternel
En sacrifice solennel,
Offert pour les pechez du monde.
Faictes qu'en l'accord des accords
Nos cœurs, nos ames & nos corps,
Par vn bien qui les surabonde
En vous, & par luy soient vnis
A vos merites infinis.

Amen.

PRIERE POVR DIRE A
l'eleuation du Corps de nostre Seigneur.

Pain nourriture des Anges,
O chair, delices des Archanges,
Qui plus grande que la grandeur
S'enferme dans ceste rondeur:
Vray homme, Dieu ie te reclame,
Et du plus profond de mon ame,
Ie te requiers tres-humblement,
Qu'à l'ayde de ce Sacrement,
Qu'auecques passion i'embrasse,
Que tu me faces ceste grace,
De te trouuer si bien en moy
Que ie sois vn auecques toy:
A fin qu'armé de telles armes,
Satan ny ses suppofts gens d'armes,
En quoy qu'ils puissent m'assaillir
Ne me puissent faire faillir,
Plustoft me gardant à tout' heure,
En toy par luy ie viue & meure.

PRIERE POVR DIRE A
l'eleuation du Calice.

Sang celeste & precieux,
Diuin ruisseau coulant des Cieu.
Qui par la vertu de ton onde
Veux & peux lauer tout le monde,
Laue de sorte les pechez
Dout tous mes sens sont entachez,
Que repurgé de leur ordure
Mon ame deuienne si pure,
Que de son lustre nompareil
Elle surmonte le Soleil:
A fin qu'vn iour tout plein de gloire,
Ie puisse obtenir la victoire
Dessus le miserable effect
Qui naist de l'horreur du forfaict:
Si bien que ta saincte Iustice,
M'ayant despouillé de tout vice,
M'esleue au partir de ce lieu
Iusques au trosne de mon Dieu.